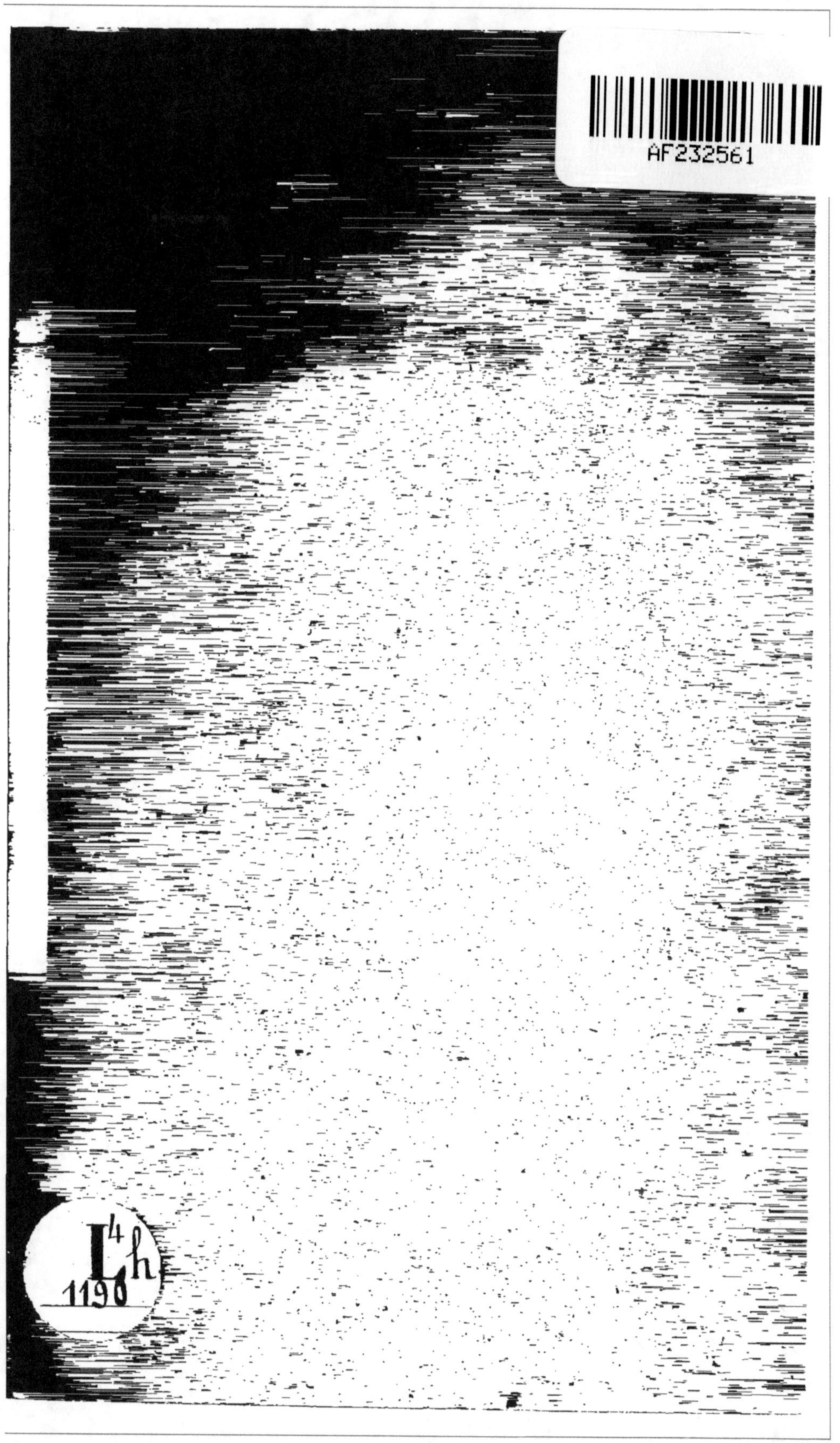

GUERRE DE 1870-71

ÉTUDE DE LA DÉFENSE

DE LA

VILLE DE SALINS

ET DE SES FORTS

PENDANT LA RETRAITE DE L'ARMÉE DE L'EST

> Guerre funeste, où la France négligeait
> les plus simples détails, où chacun oubliait
> son voisin, où notre incurie venait s'ajouter
> à l'habileté de nos ennemis.....
>
> *(Salins pendant la guerre en 1871. Brochure
> anonyme. Imprimerie Billet. 1871.)*

EN VENTE

CHEZ LES PRINCIPAUX LIBRAIRES DE LA FRANCHE-COMTÉ.

—

1872

MAXIMES ET PRINCIPES

En général, il faut que les gardes nationales soient réunies et aient de bons officiers, et qu'elles n'aillent pas se mettre par quinze cents devant l'ennemi sans ordre. Elles y vont, il est vrai, mais elles en reviennent bien plus vite. Ce que je vous recommande surtout, c'est de prendre garde de ne pas épuiser, en les éparpillant, cette ressource des gardes nationales. (NAPOLÉON, *Correspondance.* 15,667.)

. . . . . S'ils attaquent, les recevoir dans une position retranchée. (NAPOLÉON, *Correspondance.* 15,668.)

Il faut agir avec prudence, ne pas compromettre de mauvaises troupes, et ne pas avoir la folie de croire, comme bien du monde, qu'un homme est un soldat. Les troupes de la nature de celles que vous avez sont celles qui exigent le plus de redoutes, de travaux d'artillerie...

(NAPOLÉON, *Correspondance.* 15,678.)

Les fortifications de campagne sont toujours utiles, jamais nuisibles, lorsqu'elles sont bien entendues.

(NAPOLÉON, *Mémoires.* VIII.)

En trois jours, une armée bien constituée doit remuer tant de terre, creuser de si bons fossés, s'environner de tant de palissades, de pieux, de palanques crénelées, etc., qu'elle soit inattaquable dans son camp. (NAPOLÉON, *Mémoires.*)

Il faut remuer de la terre et couper du bois pour se palissader. C'est le moyen d'épargner l'infanterie.

(NAPOLÉON, *Correspondance.* 11,939.)

Avec des troupes médiocres, il faut remuer beaucoup de terre. (NAPOLÉON, *Correspondance.* 12,111.)

Les forteresses doivent, au début de chaque campagne, être pourvues de tout ce qui est nécessaire à leur défense, non-seulement pour tout le temps pendant lequel elles peuvent soutenir un siége, mais encore pour au moins un tiers en plus.   (Archiduc CHARLES, *Principes de la grande guerre.*)

La défense d'une place n'est point organisée lorsque tous les établissements militaires ne sont pas à l'abri de la bombe. Il en résulte qu'au premier accident le commandant réunit son conseil de guerre et propose de rendre la place. C'est ainsi qu'avec quelques mortiers et obusiers l'ennemi s'empare d'une place qui, bien organisée, eût soutenu un long siége.

Au moment de l'investissement, il est trop tard pour faire des blindages, à moins que le commandant ne soit un homme de caractère ferme, ce sur quoi on ne doit pas toujours compter. Il faut raisonner dans la supposition qu'il sera un homme médiocre.   (NAPOLÉON, *Correspondance.* 16,387.)

Une loi nécessaire dans une armée française, serait celle qui défendrait tout parlementage. Nos soldats sont si bons, si prêts à être amis, et nos officiers si faciles à tromper que l'ennemi les joue perpétuellement.
      (NAPOLÉON, *Camp. de Syrie et d'Egypte.*)

Nous n'avons point ici l'usage des parlementaires, il ne faut point en recevoir ; cela n'est bon à rien dans votre position ; les lettres doivent être remises aux avant-postes..... Mais je veux qu'aucun officier ni soldat français ne cause avec eux, hormis le général ou l'officier qu'il désignera, et cela doit se faire hors de la ligne de mes avant-postes.
      (NAPOLÉON, *Correspondance.* 15,374.)

ÉTUDE DE LA DÉFENSE

DE LA

VILLE DE SALINS ET DE SES FORTS

PENDANT LA RETRAITE DE L'ARMÉE DE L'EST

La défense de la ville de Salins et de ses deux forts pendant la retraite de l'armée de l'Est et après l'échec d'Héricourt, a provoqué une polémique très-vive qui s'est formulée dans une demi-douzaine de brochures.

Parmi ces brochures, la dernière en date et anonyme mérite une mention particulière à raison du grand nombre de documents qu'elle contient et qui paraissent puisés à la source officielle. Ses auteurs se sont proposé de rectifier les faits plus ou moins altérés dans les précédentes publications, et de les présenter sous leur véritable jour afin d'en conserver fidèlement la mémoire à la ville de Salins.

Après ces publications, on pourrait dire avec quelque fondement, ces plaidoyers, il semble que la cause soit entendue. Il n'en est rien pourtant. Notre opinion est que l'on s'est beaucoup trop occupé des personnes, que l'on s'est étendu trop complaisamment sur des détails de second ou de troisième ordre, et que la partie essentielle de la défense, armement, fortifications, opérations stratégiques, a été presque complètement négligée.

Notre but est d'essayer de combler la lacune que nous signalons. Nous étudierons donc au point de vue purement militaire la défense de Salins et de ses forts, et nous examinerons si les dispositions prises par les hommes du métier ont été bien conçues et ordonnées, et convenablement exécutées ; nous vérifierons en même temps si le but de la brochure anonyme a été atteint.

Cette Etude n'a certainement pas pour objet de mettre en doute l'honorabilité et la bravoure des hommes qui ont pris part à un titre quelconque à cette défense, mais seulement de rechercher si l'intelligence et les qualités militaires qui ont présidé à cette patriotique opération ont été à la hauteur des événements.

Nous essaierons également de déterminer le rôle de l'administration militaire de Salins dans les circonstances difficiles où elle s'est trouvée, et la part de responsabilité qui peut lui être attribuée.

Nous avons fait tous nos efforts pour mettre en œuvre les qualités les plus essentielles que le public à qui nous nous adressons est en droit d'exiger, à savoir : la clarté, la logique, la modération, la franchise et surtout l'impartialité.

Si quelques personnes se trouvent atteintes par nos critiques, nous aimons à croire qu'elles ne les prendront pas en mauvaise part et qu'elles reconnaîtront que nous n'avons fait qu'user loyalement de la faculté qu'a tout citoyen de contrôler les faits qui sont du domaine public. Nous ne connaissons pas, du reste, les noms des auteurs de la brochure dont nous avons parlé et à laquelle nous ferons de fréquents emprunts dans le cours de cette discussion ; nous préférons les ignorer afin d'être plus à notre aise pour juger leur œuvre.

Cela dit, nous entrons en matière.

I

Notre première Étude doit naturellement porter sur l'armement des forts, puisque c'est l'outil essentiel de la défense.

L'armement peut être considéré au triple point de vue de la quantité, de la qualité et de la position.

Au point de vue de la quantité, cet armement était à peu près suffisant. Il se composait comme il suit :

Au fort Saint-André, de trois pièces rayées de 12, de onze canons ou obusiers lisses de 12 et de 16, et de quatre mortiers.

Au fort Belin, d'une pièce rayée de 12, de six canons ou obusiers lisses de 12 et de 16, et de trois mortiers.

Soit en tout vingt-huit pièces, dont quatre rayées seulement, c'est-à-dire 1 sur 7...

Au point de vue de sa qualité, cet armement était d'une pauvreté remarquable : 4 pièces rayées, dont 3 à Saint-André et 1 à Belin !... Telle était la seule artillerie sérieuse dont la défense disposait ! N'était-il donc pas possible, alors que les communications avec Besançon étaient libres, de demander d'urgence au général Rolland dont l'activité, et la sollicitude étaient connues de tous, un supplément d'artillerie rayée ? Il est à présumer que si on lui avait exposé la situation, il y aurait remédié de suite, et aurait probablement pu disposer en faveur de nos forts de quelques pièces rayées de gros calibre. Ce qui nous autorise à croire à cette probabilité, c'est que M. Gaurichon obtint sans difficulté dans son voyage à Besançon (page 1) deux canons rayés de 4 de montagne avec munition pour le service de l'artillerie sédentaire de Salins. Or, à cette époque les canons de campagne étaient rares, fort rares, tandis que ceux de gros calibre, de marine ou autres, ne l'étaient pas. Si donc on avait réclamé avec instance, au général, le supplément indispensable aux forts, nul doute qu'il n'ait fait droit à cette légitime réclamation.

Pour battre efficacement et puissamment les approches du défilé et le défilé lui-même, il aurait fallu à chacun des forts quatre pièces rayées de 12 de place croisant leurs feux de la manière suivante : deux sur la route de Pontarlier, deux sur la route de Champagnole, deux sur la route d'Ornans, et enfin deux sur la route de Besançon-Mouchard. En outre il aurait été important de placer deux autres pièces au moins sur les fronts par où l'ennemi pouvait tenter une attaque sérieuse et en règle. C'est donc un minimum de douze pièces rayées de gros calibre qu'il était indispensable de posséder pour donner du corps à l'armement, soit six à chaque fort. On aurait alors réservé les obusiers pour la défense des parties d'approches situées à bonne portée, et employé les canons lisses ordinaires pour battre les fossés.

Avec de telles dispositions le matériel eût été parfaitement utilisé, les approches eussent été bien battues et surtout, chose capitale, le défilé eût été commandé dans tous les sens.

Si encore dans la journée du 21 janvier l'autorité militaire avait requis la livraison des deux canons confiés à M. Gaurichon en octobre et dont il s'était engagé à faire construire les affûts (page 21)!... Disposant de ces canons, elle aurait pu, en quelques jours, faire achever leurs affûts, préparer des plates-formes, les mettre en position dans l'un ou l'autre des deux forts, dans Belin surtout dont l'unique canon rayé ne pouvait battre toutes les routes à la fois, et les faire ainsi contribuer puissamment à la défense. Il est fort regrettable qu'elle n'ait songé à les réclamer que dans la journée du 28 (page 44) alors qu'ils étaient devenus inutiles.

Considérons enfin l'armement au point de vue de son agencement :

Nous lisons dans la brochure (page 9) : « *Mais cet armement officiel tourné du côté opposé à celui où nous avions à craindre l'arrivée de l'ennemi ne répondait plus aux besoins du moment.* » En effet, à Saint-André, les trois pièces rayées étaient en position sur le front de fortification qui est tourné du côte d'Ivory et de Pretin, et pas une ne battait la route aux abords du défilé. A Belin, l'unique pièce rayée était de même en position sur le front qui fait face à Ivory; pour s'en servir, il fallut la transporter en toute hâte sur le bastion qui commande l'entrée du fort ; quant aux obusiers, leur tir était plus nuisible qu'utile à raison de leur faible portée, à tel point qu'un projectile éclata près de nos lignes de défense et les obligea à reculer (page 30).

Ainsi voilà un fait dûment établi : la défense qui ne disposait déjà que d'un nombre de canons rayés beaucoup trop restreint pour ses besoins, n'a pas même su les utiliser, et cela grâce aux mauvaises positions qui leur avaient été assignées par l'ordre officiel !...

Le service de l'artillerie n'avait, sans doute, pas attendu jusqu'à ce moment extrême pour reconnaître ces défectuosités; mais alors pourquoi n'avait-il pas pris ses mesures en temps opportun pour les faire disparaître ou tout au moins les corriger ?... Il est certain que l'on pouvait revenir sur d'aussi fâcheuses dispositions, et il suffisait de demander à l'état-major de l'artillerie de la division l'autorisation nécessaire à cet effet, pour l'obtenir. A défaut de communication avec la division, le commandant supérieur ne pouvait-il prendre sur lui la responsabilité de ces modifications, alors que leur urgence était évidente et que l'ennemi était à quelques journées de marche?... Dans l'hypothèse où ce dernier aurait fait mine de préparer un siége en règle, chose qui demandait du temps et présentait de sérieuses difficultés, il eût été facile alors de replacer les pièces sur les points menacés et de se préparer avec promptitude aux éventualités d'une attaque de ce genre.

Toujours est-il que, grâce à la pauvreté de cet armement et au vice de son organisation, une seule des trois pièces rayées de Saint-André put servir dans la journée du 26 janvier (page 24), et uniquement contre la batterie prussienne qui s'était établie à Bagney... Les seuls canons de ce fort qui purent tirer dans la gare de Mouchard ou aux abords de la ville, étaient quatre obusiers à âme lisse... Quant à Belin, son canon rayé était fort heureusement déjà en batterie sur le cavalier qui fait face à Grelimbach et enfilait la gorge par où débouchaient les Prussiens. Si deux autres pièces rayées avaient pu y joindre leurs feux, le carnage eût été horrible.

Nous sommes profondément étonné de ce passage de la brochure : « *Cependant à l'heure critique, il reste toujours beaucoup à faire, notamment des blindages et abris de tous genres qui font défaut surtout au fort Saint-André* » (page 8). Les travaux de blindages et d'abris n'étaient donc pas encore exécutés lors de l'arrivée des Prussiens !... Le service du génie de la place, à qui ces travaux incombent, en avait cependant eu le temps et les moyens, d'août à janvier. Que n'a-t-il imité celui de Besançon !... Il faut l'avoir vu à l'œuvre dans cette place, bravant les rigueurs de l'hiver, et sous l'impulsion énergique du général Rolland, pour se faire une idée de ce que l'on peut produire d'effets utiles en peu de temps !... Il est pénible de constater qu'en vue de l'ennemi, les chefs militaires aient été obligés de se préoccuper de mesures de sûreté qui étaient non-seulement une gêne, un embarras pour les mouvements des défenseurs, mais qui en outre absorbaient une partie de leur temps et ne leur laissaient pas toute la liberté d'esprit si désirable en pareil cas...

Voyons maintenant si l'organisation, l'instruction des artilleurs de la batterie mobile du Jura étaient suffisantes pour assurer un bon service de l'artillerie ?... Si nous ne considérions que les résultats acquis, il semblerait que l'on doive se déclarer satisfait, et nos auteurs le paraissent lorsqu'ils disent : « *Aussi les canonniers de la batterie mobile du Jura qui n'avaient jamais tiré un coup de canon ont-ils toujours passé aux yeux des Prussiens pour de vieux artilleurs.* » Nous recueillons de ces paroles un aveu précieux : c'est que nos braves mobiles, après six mois d'exercice, n'avaient pas encore tiré un coup de canon, et que c'est sur les Prussiens qu'ils ont fait leurs premières écoles... Nous sommes heureux de convenir que :

> Leurs pareils à deux fois ne se font point connaître
> Et pour des coups d'essai veulent des coups de maître...

Cependant on nous concédera que si l'attaque des forts avait été sérieuse au lieu d'être une simple escarmouche d'artillerie ; que s'ils avaient eu un siége à soutenir ou même un bombardement énergique à essuyer, la face des choses aurait pu changer... Car le courage ne fait pas la science, et on n'improvise pas un artilleur... Au surplus, voici un petit épisode qui s'est passé à Saint-André pendant la canonnade et qui nous édifiera sur le degré d'instruction de nos jeunes gens :

C'était le 26 janvier dans la matinée. La pièce rayée

établie au saillant du bastion 22 venait de recevoir l'ordre de tirer sur la batterie prussienne de Bagney. Nos artilleurs s'ébranlent, saisissent l'écouvillon, brossent la pièce, introduisent la gargousse, puis l'obus... Mais, ô malheur ! soit que le nettoyage ait été mal exécuté, soit que l'obus ait été mal engagé, un obstacle s'oppose au refoulement ; on essaie de forcer le projectile, impossible de le faire avancer !... Impossible également de l'extraire !... Pendant cette laborieuse et longue opération, la batterie prussienne tonnait, et l'on ne pouvait y répondre, quel désespoir !... Enfin, l'on en vint à adopter l'expédient suivant : on souleva la culasse de la pièce afin de faire appuyer la gargousse contre le projectile qui n'était qu'à moitié de sa course, on introduisit de la poudre par la lumière, on y mit le feu... Et l'obstacle céda... Est-il besoin de dire que ce n'est pas ce malencontreux boulet qui démonta le canon prussien ?

Si nos jeunes canonniers avaient été plus expérimentés dans leur art, et il était de rigueur de compléter leur instruction par quelques écoles à feu, afin de les familiariser avec la manœuvre et le bruit de leurs redoutables engins, nous sommes convaincu que leur succès eût été complet... C'est alors que le colonel d'artillerie prussien Petzel aurait éclaté en témoignages d'admiration ! Nos artilleurs se contenteront donc des compliments que cet officier supérieur a cru devoir adresser à M. le commandant Fouleux (page 72).

Nous espérons toutefois que ces éloges ne leur feront pas perdre de vue la réalité et qu'au contraire ils les encourageront à compléter leur éducation militaire. Leur but doit tendre à transformer des remparts qui pourront être un jour encore confiés à leur dévouement, en barrières infranchissables...

Et si ce jour de grande épreuve arrivait, nous comptons

bien qu'il serait pour nos artilleurs un jour de gloire, et que l'on proclamerait qu'ils ont bien mérité de la Patrie !...

De notre première Étude il résulte :

Que l'armement des deux forts était dans une pénurie presque complète de pièces rayées de gros calibre ;

Que les dispositions de cet armement prises en vue d'un siége avaient été d'une imprévoyance aveugle en ce qui concerne la défense du défilé ;

Que l'instruction de la batterie mobile du Jura et le service de l'artillerie laissaient beaucoup à désirer ;

En un mot, que la défense de la place n'était point organisée.

Le lecteur aurait été satisfait de trouver dans la brochure, qui paraît si bien informée, l'exposé des moyens et des efforts qui ont dû être tentés par l'autorité militaire, soit afin de remédier à un état de choses déplorable et de nature à aggraver alors notablement nos désastres, soit afin de dégager sa responsabilité.

II

Notre deuxième Étude concerne la défense de la ville :

La ville de Salins, malgré les anciens murs ébréchés et en ruine qui l'enceignent, est complétement ouverte. Le génie militaire a entièrement abandonné ces murs ; il en a même vendu l'emplacement ainsi que les matériaux. Dans ces conditions, il est clair, évident que le génie n'a pas compté sur la ville pour défendre le passage ; car alors il aurait fortifié cette ville, réédifié ses murailles, ou établi par avance un système de retranchements propres à servir de base à une solide défense...

Cela posé, nous demandons quels motifs ont pu être invoqués pour faire coopérer la ville à l'action des forts? Il y en avait bien un, c'est que la ville étant ouverte et par conséquent ne se trouvant pas à l'abri d'un coup de main, le passage pouvait être forcé, nonobstant la présence de ces forts. Mais ce motif était précisément la condamnation du principe admis par le génie ! Y en avait-il d'autres, c'est ce que nous ignorons.

Quoi qu'il en soit, les chefs militaires qui étaient chargés de la direction de la défense avaient sans aucun doute mûrement délibéré sur l'opportunité de la défense de la ville. Ces chefs, parmi lesquels on comptait, soit à titre officiel, soit à titre officieux, quatre officiers supérieurs du génie et d'artillerie, étaient du reste parfaitement compétents en cette matière.

Dès lors s'ils jugeaient utile le concours de la ville, l'hésitation n'était pas permise, et ils devaient mettre rapidement en œuvre tous les moyens appropriés au but. Nous lisons, (page 8) : *« Que M. Bouvet avait donné de précieuses indications pour la défense particulière de la ville ; mais qu'il eût fallu pour être prêt sur ce dernier point s'y prendre au moins un mois à l'avance et ne pas attendre au dernier moment pour allouer les fonds nécessaires. »*

Ainsi c'est la ville, ou mieux sa municipalité, qui doit endosser la responsabilité de la chose, puisque c'est elle qui a attendu au dernier moment pour allouer les fonds nécessaires, et que par sa négligence et son mauvais vouloir elle en a rendu l'emploi impossible... Si le bonhomme La Fontaine avait été chargé du réquisitoire, il aurait dit :

> Un loup quelque peu clerc prouva par sa harangue
> Qu'il fallait dévouer ce maudit animal,
> Ce pelé, ce galeux d'où venait tout le mal...

Cette imputation serait très-grave si elle était fondée... Toutefois avant de l'admettre comme telle, il convient d'examiner à qui devaient incomber les frais de cette défense et les soins de son exécution.

Jusqu'à présent nous avons cru, et nous croirons toujours, jusqu'à preuve du contraire bien entendu, que les forts de Salins ont pour unique objectif la défense du défilé... Or, en défendant ce défilé, ils défendent la ville, puisque l'un et l'autre sont une seule et même chose. Donc la ville n'a rien, absolument rien à faire pour sa prétendue défense particulière...

Nos auteurs sortiront de là comme ils pourront, c'est leur affaire. Mais tant que cet argument n'aura pas été réfuté, nous le tiendrons pour bon et valable et nous serons en droit de dire que l'imputation est mal fondée...

Nous ne leur ferons, du reste, pas l'injure de croire que leur projet est de faire de la municipalité défunte un bouc-émissaire et de la charger des péchés d'Israël ! A chacun selon ses œuvres... Si le génie militaire a reconnu trop tard la faute qu'il a commise en démantelant la ville, c'est à lui d'en porter la responsabilité... Il ne lui appartenait pas plus en janvier 1871, qu'il ne lui appartient actuellement, de faire contribuer la ville de Salins à la défense du défilé que les forts commandent ; c'est évidemment au budget de la guerre et non au budget municipal de payer.

Enfin le sort en est jeté, la ville se défendra... Mais elle ne saurait accepter la lutte sans l'assentiment et l'appui effectif de l'autorité militaire ; autrement la résistance serait impossible et pourrait conduire à d'effroyables désastres. — C'est donc avec beaucoup de raison que le conseil municipal, dans sa délibération du 25, demandait au commandant supérieur la mise à la disposition immédiate du commandant de la garde nationale de toutes les troupes concentrées dans les forts, et qui ne leur sont pas nécessaires, le déclarant responsable des conséquences d'une défense faite et continuée avec des forces insuffisantes (pages 21, 22). Effectivement, cette délibération peut se passer de commentaires, et nous sommes de l'avis de nos auteurs.

En recevant cette délibération, l'autorité avait trois partis à prendre : 1° refuser le concours de la ville et ne s'occuper exclusivement que des forts ; 2° accepter ce concours, et alors organiser la défense et en prendre la haute direction ; 3° empêcher toute action de la ville comme inutile aux forts et dangereuse pour la population.

L'autorité militaire trouva moyen de ne prendre aucun de ces partis... Elle se contenta d'envoyer le lendemain 26, 400 hommes de troupes mélangées afin d'aider les 300 gardes nationaux. Ces troupes de secours avaient ordre de se tenir sous le canon des forts afin de pouvoir y remonter au premier signal, et dans tous les cas d'y rentrer à la nuit.

Pourquoi, puisque dans la soirée du 25, l'autorité militaire avait résolu de soutenir la défense, n'a-t-elle pas immédiatement et d'urgence fait prendre les dispositions les plus essentielles, savoir : l'établissement de barricades aux portes Basse, Barbarine et Chambenoz, d'abattis d'arbres et de coupures aux abords de ces portes ? On avait au moins quinze heures devant soi, on disposait de matériaux en abondance, de bois surtout, et enfin on pouvait requérir une nombreuse, intelligente et patriotique population pour l'exécution de ces travaux... Il ne fallait donc que de la décision et de l'énergie pour improviser ces fortifications et les mettre en état.

Si toutes les troupes avaient été portées avec soin derrière ces abattis, ces coupures, ces barricades, derrière les anciens murs crénelés à la hâte, enfin dans les maisons qui bordent les remparts, elles auraient pu tenir admirablement toute la journée du 26 et même repousser une attaque de vive force. Si en outre elles avaient été appuyées par le feu des deux canons de 4, croit-on qu'un Prussien aurait pu traverser la ville? A supposer même que les Prussiens fussent parvenus, vers le soir, à forcer les retranchements, les coupures, abattis et barricades auraient rendu impraticable la route à l'artillerie et à la cavalerie, et fait échouer très-certainement l'occupation de la ville.

Au lieu de prendre d'aussi simples, d'aussi sages dispositions, qu'imagine-t-on?... On envoie en avant nos soldats en tirailleurs, on les éparpille en un vaste demi-cercle (page 27) et grâce à cette belle stratégie, à cette incomparable manœuvre, après quatre heures de fusillade meurtrière, les Prussiens en masses compactes, profondes, débordent nos lignes, les forcent à la retraite et parviennent, à deux heures du soir, à entrer dans la ville. Les soldats s'étaient repliés sur les forts, et les gardes étaient rentrés chez eux, mais après avoir laissé dix des leurs sur le carreau, 5 tués et 5 blessés... Quel lamentable résultat!

Nous lisons (page 27) : « *Les efforts des gardes nationaux et des quelques soldats présents ne pouvaient être considérés que comme une protestation contre l'invasion prussienne et une satisfaction donnée à l'amour-propre des gens de cœur que la vengeance et le patriotisme enflammaient.* » Comment! cette lutte n'était qu'un inutile simulacre, une vaine satisfaction d'amour-propre, une héroïque folie, pour dire le mot?.. Comment! on aurait permis, toléré, encouragé une pareille chose et laissé couler le sang en pure perte?... Nous nous plaisons à croire que cette opinion de nos auteurs leur est toute personnelle et qu'elle n'a jamais été partagée par l'autorité militaire supérieure... S'il en était autrement, nous ne trouverions pas d'expressions assez fortes pour caractériser une telle barbarie, et nous n'hésiterions pas à réclamer des juges pour l'autorité qui s'en serait rendue coupable...

C'en est donc fait, les forts n'auront pu préserver la ville de la souillure de l'étranger !... Et si, par malheur, l'attaque de la ville par l'infanterie avait mieux été étudiée, mieux préparée ; si l'artillerie prussienne qui disposait de cinq ou six batteries avait, après l'escarmouche de Bagney, choisi de meilleures positions et vomi sur Saint-André une pluie de fer afin d'appuyer le mouvement, n'est-il pas à croire que les Prussiens se fussent vite aperçus de l'infériorité de notre artillerie, qu'ils l'eussent mise hors de service ou tout au moins dans l'impossibilité de s'occuper de la défense des approches ; qu'alors, une fois maîtres de la ville, la traversée du défilé, pendant la nuit du 26 au 27, n'eût plus été qu'un jeu pour eux !... Qui ne se souvient du fameux passage de l'armée française en 1800 sous le canon du fort de Bard ?...

Et dire que c'est à ce triste résultat que l'insuffisance de nos systèmes d'armement et de fortification a failli nous conduire !...

Il ressort de cette deuxième Étude :

Que, pour la défense de la ville de Salins, l'autorité militaire supérieure, seule compétente, n'a pris, lorsqu'il en était temps encore, aucune des dispositions essentielles pour l'assurer ;

Qu'en coopérant à cette défense par l'envoi de détachements, mais en négligeant de les diriger, cette autorité a encouru une grave responsabilité ; qu'il était de la plus vulgaire prudence de ne pas engager à découvert, contre un ennemi plus que décuple, bien armé, parfaitement aguerri et discipliné, des troupes de toute provenance, sans cohésion, dont le moral était affecté par les privations, les fatigues et les défaites ; qu'il était infiniment plus rationnel de les faire combattre à l'abri de retranchements. Si, en effet, malgré leur immense infériorité, elles ont pu tenir tête pendant quatre heures aux Allemands en rase campagne, que n'auraient-elles pas fait à couvert et bien appuyées ? L'insuccès du coup de main tenté par les Prussiens, au lieu d'être le résultat de circonstances fortuites, aurait été le fruit légitime de combinaisons savantes, et aurait donné un lustre incomparable à nos armes dans ce combat ;

Qu'à raison de l'infériorité de notre artillerie et de la mauvaise conception des fortifications, les forts n'ont pu sauver la ville ; qu'ils auraient été également impuissants à empêcher l'ennemi de franchir le défilé dans la nuit du 26 au 27 janvier, si l'attaque avait été mieux conduite et habilement secondée par un énergique bombardement des forts, de Saint-André surtout ;

Que l'enseignement qu'il convient de tirer de ces événements, c'est le remaniement complet de l'armement et du système de défense de la place. Il n'est p'us possible désormais d'isoler la ville et les forts, et le génie doit dès à présent aviser aux moyens propres à les relier solidement afin de rendre inexpugnable le défilé.

III

Notre troisième et dernière Étude a pour objet le rôle de la municipalité de Salins dans la défense.

Avant d'entrer dans le vif de la question et afin de bien fixer les idées, il est indispensable de rappeler : Qu'à cette mémorable époque la ville et ses forts sont placés sous l'autorité militaire d'un commandant de place ; que les départements du Doubs, de la Haute-Saône et du Jura sont sous le régime de l'état de siége ; conséquemment que c'est l'autorité militaire qui est investie du pouvoir sup ême ; enfin que les communications sont partout coupées.

Cela dit, poursuivons.

A qui reviennent l'initiative et la résolution de la défense de la ville ?... Nous croyons, nous, que ce n'est pas à la municipalité : en effet, la ville étant doublement soumise à l'autorité militaire, n'avait pas le droit de prendre une telle détermination sans l'assentiment formel et motivé de cette autorité ; de plus, une semblable détermination n'était ni dans son rôle ni dans son caractère. Conçoit-on que la ville de Salins, qui a le bonheur de posséder un commandant de place, un commandant du génie, un commandant d'artillerie, qui est protégée par une garnison et deux forteresses, conçoit-on que cette ville, par l'organe de sa municipalité, commette cet abus de pouvoir de mettre en délibération une question exclusivement du ressort de l'autorité militaire ? Se figure-t-on cette autorité, maîtresse absolue de la situation, laissant empiéter à ce point sur ses attributions, recevant des ordres de cette assemblée civile et y obtempérant ?...

Ce n'est vraiment pas croyable...

Donc la municipalité n'a pas pu, en droit, décider la défense de la ville. L'eût-elle résolue en fait et contrairement au principe de la séparation des pouvoirs et des attributions, cette délibération pouvait être annulée de plein droit. par l'autorité, si elle la considérait comme dangereuse pour les habitants et inutile au point de vue de l'action générale. Il fallait donc de toute nécessité que le concours de la garde nationale fût réputé utile par l'autorité militaire compétente, pour être accepté. Mais, une fois ce concours accepté, elle devait immédiatement s'emparer du commandement et de la direction de la défense, soit directement, soit par l'intermédiaire d'un délégué capable et intelligent.

Un passage déjà cité de la brochure (page 8) fournit des renseignements précis sur ce point important : « *M. Bouvet, commandant du génie en retraite, avait beaucoup contribué, par ses conseils et sa parfaite connaissance des localités et des travaux de défense, à la mise en état des forts. Il avait même donné de précieuses indications pour la défense particulière de la ville; mais il eût fallu, pour être prêt sur ce dernier point, s'y prendre au moins un mois à l'avance et ne pas attendre au dernier moment pour allouer les fonds nécessaires.* » Ainsi donc, il y avait déjà eu des pourparlers au sujet de cette défense avant qu'elle fût résolue ; on en avait reconnu la nécessité au point de vue stratégique ; on avait demandé des fonds à la municipalité pour cet objet ; elle avait même voté ces fonds, mais beaucoup trop tard, d'après l'avis de nos auteurs. Ces déclarations sont pour nous la preuve la plus convaincante que l'initiative de la défense de la ville ne doit pas être attribuée à la municipalité, et que cette dernière jugeait sainement la situation en laissant à l'autorité militaire le soin d'y pourvoir. Nous avons déjà prouvé dans notre deuxième Étude que Salins, ville ouverte, abandonnée par le génie, n'avait à faire aucuns frais pour la défense du défilé, défense qui était précisément attribuée aux deux forts. Comment a-t-on pu oublier à ce point les principes, et reprocher à la municipalité de n'avoir pas pris des mesures financières qui ne regardaient que l'État ?

En résumé, si l'autorité militaire supérieure reconnaissait bien tardivement, hélas! la nécessité de fortifier certains passages en vue de les rendre inaccessibles ou de les protéger, elle avait le droit et le devoir de faire exécuter ces travaux de fortification ; mais elle n'avait pas de coopération financière à attendre de la ville... Toutefois, si l'argent lui manquait, elle pouvait fort bien, à raison des circonstances extra-ordinaires du moment, en demander à la caisse municipale ou aux autres caisses publiques, mais à titre d'emprunt et par voie de réquisition, ainsi qu'elle l'a fait, du reste, postérieurement pour la solde des troupes de la garnison (page 46). Pourquoi l'autorité militaire, qui a songé à ce moyen pour la solde, ne l'a-t-elle pas employé pour la mise en état de défense de la ville ?

Nous admettrions volontiers que Salins, ville ouverte, dépourvue de forts, non soumise à l'autorité de commandants militaires, eût tenu à honneur, comme sa sœur l'héroïque ville de Châteaudun, de se défendre elle-même et de repousser l'invasion... Alors sa municipalité décrétait la résistance, l'organisait, faisait appel au patriotisme, au dévouement de ses citoyens et leur montrait elle-même l'exemple en se mêlant aux combattants... Mais ici les rôles sont complétement changés, la cité ne s'appartient pas, elle est dans les mains de l'autorité militaire, et doit, au contraire, lui demander aide et protection. Tout ce qu'elle peut et doit faire, c'est, si on l'y convie, de faciliter de tout son pouvoir et par l'autorité de son conseil, les moyens de défense, et de mettre à la disposition de l'autorité militaire ses citoyens armés pour le salut de tous...

On a bien maltraité la municipalité provisoire de Salins au sujet de la démarche qu'elle a été obligée de faire auprès des commandants des forts, sous la menace de l'incendie de la ville... On l'a bafouée, on l'a même gratifiée de l'épithète infamante de traître... Nous n'avons pas qualité pour défendre les membres de cette municipalité, et notre projet n'est pas de les transformer en héros... Mais s'ils nous paraissent très-blâmables d'avoir, sous l'empire de la terreur que les hordes prussiennes, animées par le combat et irritées des pertes qu'elles venaient de faire, semaient autour d'elles, s'ils nous paraissent très-blâmables, disons nous, d'avoir consenti à accompagner les parlementaires et à solliciter la reddition des forts, nous ne les croyons pas pour autant coupables de forfaiture... Entre un héros et un traître, la marge est grande, et il y a place pour un honnête homme.

Pour juger sainement les choses, il est important de rappeler les situations respectives des forts et de la ville.

Dans les forts, la garnison est bien abritée ; une notable partie a jusqu'à présent combattu à couvert et n'a couru aucun danger ; l'artillerie n'a pas souffert et les murailles sont intactes. En conséquence, le devoir des commandants des forts est de repousser, ainsi qu'ils l'ont fait du reste avec beaucoup de dignité, les propositions des parlementaires.

En ville, la population est brisée, meurtrie par la lutte dans laquelle elle vient de succomber ; elle est à la merci du farouche vainqueur ; et, de même que la victime sous la hache du bourreau, elle n'a rien à attendre de sa pitié.

Donc la malheureuse ville de Salins, qui n'avait pas été mise en état de défense, d'abord par le génie, ensuite par l'autorité militaire qui commandait pendant la guerre, était tombée le 26 janvier, à deux heures du soir, au pouvoir des Prussiens, après quatre heures d'une lutte acharnée et meurtrière où la garde nationale qui avait bravement fait le coup de feu comptait à elle seule cinq tués et cinq blessés... Ces sauvages, à leur entrée, avaient massacré cinq personnes inoffensives, et sommaient impérieusement la municipalité de faire rendre les forts, jurant de brûler la ville dans le cas où

on ne leur donnerait pas satisfaction... Or, la municipalité et
toute la population avaient présentes à la mémoire les atroci-
tés commises à Bazeilles, Châteaudun, Orléans, et dans une
foule d'autres localités... Elles pouvaient donc parfaitement
croire à la réalisation des menaces poférées par ces barba-
res... Quoi d'extraordinaire à ce que la municipalité, en
proie aux plus cruelles alarmes et sous la pression de l'opinion publique, se soit décidée, afin de prévenir la destruction
de la ville, à appuyer leur sommation ?... Elle n'a vu, dans
ces horribles moments, que le danger que courraient les
habitants et n'a pas songé au salut du plus grand nombre...
C'est là son excuse et en même temps sa faute, sa grande faute.
Mais l'honneur des conseillers ne doit être mis en cause par
personne... Ils étaient à leur poste lorsque beaucoup de
notables commerçants, propriétaires, magistrats même, qui,
à raison de leur influence et de leurs fonctions, devaient ras-
surer la population et donner l'exemple du dévouement et du
patriotisme, fuyaient l'invasion !... Nous constatons avec
regret que la brochure qui a la prétention d'être un procès-
verbal vrai et exact n'a pas fait mention de ce fait grave de
désertion.

Nous lisons (page 17): « *Chacun a joué son rôle, mais
il est permis de blâmer les postes où l'on s'enivrait au
lieu de monter la garde.* » Voilà qui est bien parler...
Hélas ! oui, il y avait dans la garde nationale des hommes
que certaines habitudes pouvaient rendre indignes du service,
mais n'y en avait-il que là ?... Pour faire vraiment preuve
d'impartialité, nos auteurs auraient dû blâmer non-seulement
les gardes nationaux intempérants, mais encore et surtout
les personnes qui, à raison de leur position officielle, devaient
les premières donner l'exemple de la sobriété...

Aux pages 15 et 16, il est dit : « *Mais à cette heure*

critique on n'avait pu trouver d'ouvriers pour faire quelque chose d'utile. » Remarquons que c'était seulement le 24 janvier, c'est-à-dire deux jours avant l'attaque... Comment ! dans une ville de 6 à 7,000 habitants on ne pouvait dans ce moment critique, solennel, trouver d'ouvriers, même par voie de réquisition !... Comment ! on ne pouvait employer les troupes et les gardes nationaux en corvées !... Cette assertion n'est vraiment pas sérieuse, et nous allons produire un fait qui infirme de la manière la plus formelle ce qui vient d'être avancé : le mardi, 24 janvier, une publication faite dans la ville par le maire, à la requête de l'autorité militaire, invitait les habitants à se rendre à la porte Barbarine avec leurs outils pour y exécuter des travaux de défense ; un certain nombre de citoyens de bonne volonté répondirent à l'appel et se transportèrent à l'heure dite au lieu du rendez-vous. Ils attendirent pendant une heure ou deux, mais en vain, l'arrivée de la personne chargée d'ordonner et de diriger les travaux. Se croyant l'objet d'une mystification, ils se retirèrent en maugréant contre ceux qui avaient réclamé leur concours et ne savaient ou ne voulaient l'utiliser.

De notre troisième et dernière Étude, nous sommes fondé à conclure :

Que la ville de Salins, placée sous le régime de l'état de siège et la haute direction d'un commandement militaire, défendue par deux forteresses, n'avait à faire aucunes dispositions pour sa sûreté particulière ;

Que sa municipalité n'avait pas le droit de forcer la main à ce commandement et de lui substituer son action en ce qui touche à la défense ;

Qu'en tout état de cause, la responsabilité et les conséquences de cette opération essentiellement militaire doivent être entièrement supportées par l'autorité compétente.

Nous aurions encore bien des erreurs à corriger, bien des faits saillants oubliés à signaler ; mais nous tomberions alors dans des personnalités regrettables. Nous l'avons annoncé dès le début, notre intention a été d'apprécier les faits généraux de la défense et la manière dont ils ont été prévus, dirigés, et nous entendons rester fidèle à notre programme.

Avant de quitter la plume, nous croyons de notre devoir de réprimer la velléité de chauvinisme intempestif qui s'affiche dans la page 72 de la brochure. « *Les artilleurs prussiens ne sont pas plus habiles que nos conscrits.* » — Le chauvinisme qui nous a perdus, n'est guère de saison et nous devons nous efforcer d'être modestes, même après la victoire, afin de faire oublier les fautes que nous avons commises.

Il est notoire que l'artillerie prussienne, qui a joué un rôle prédominant dans la guerre néfaste de 1870-1871, avait une supériorité incontestable sur la nôtre, au triple point de vue de la portée, de la quantité et de l'organisation. Si notre artillerie du calibre de 12 a pu lutter, et quelquefois avec succès contre celle de l'ennemi, c'est seulement à nombre égal ou supérieur de pièces et à bonne portée. Mais cela ne nous autorise pas du tout à établir de parallèle entre les canonniers prussiens et nos conscrits... C'est de la puérilité... Assurément ce ne sont pas les quelques coups de canon lâchés sans résultat et maladroitement, si l'on veut, contre Saint-André par la batterie prussienne de Bagney, qui peuvent permettre à nos mobiles inexpérimentés de se comparer aux artilleurs prussiens.

Ne soyons donc plus chauvins, et sachons pour notre gouverne reconnaître la vérité, de quelque part qu'elle vienne, et quelque douloureuse qu'elle soit pour nous... Or, la vérité vraie, c'est que nous avons été écrasés, infanterie, cavalerie et artillerie, par la savante et forte organisation de l'armée allemande, et que jamais l'histoire n'a eu à enregistrer de désastres pareils à ceux de Sedan et de Metz !...

Ces désastres doivent être imputés à ceux qui ont entrepris cette guerre fatale et qui l'ont si mal conduite... Mais au moins qu'ils nous servent de leçon...

Et si, ce qu'à Dieu ne plaise, l'horrible fléau de la guerre devait à l'avenir nous frapper, même après avoir tout mis en œuvre pour le conjurer, tâchons par une judicieuse et puissante organisation des forces vives de la nation, d'être prêts à le supporter courageusement, vaillamment et surtout victorieusement !... Travaillons sans relâche, en vue de ces effrayantes éventualités, à nous mettre à la hauteur des événements en répondant au nombre par le nombre, à la science par la science, et à l'invasion, si la fortune trahissait nos armes, par le plus ardent patriotisme !...

PIÈCES A L'APPUI
ET NOTES COMPLÉMENTAIRES

Nous reproduisons ci-après *in-extenso* le décret du Gouvernement de la Défense nationale en date du 14 octobre 1870, au sujet de l'organisation de la défense locale. Ce document est extrêmement important et nous en recommandons la lecture.

Les chefs militaires de Salins ont dû naturellement, nécessairement s'entendre et se mettre d'accord avec le chef militaire commandant le département du Jura au sujet de l'application de ce décret. Comment donc expliquer leur inaction du 14 octobre 1870 au 26 janvier 1871 ? Il ne leur est, du reste, pas possible de s'abriter derrière ce passage du décret :

« *Il ne sera fait exception que lorsque la voie sera déjà commandée dans le département par une place forte.* » Car dans l'état où ils se trouvaient alors, les forts étaient réellement incapables de commander efficacement la voie et de s'opposer au passage d'une armée envahissante et audacieuse, les faits ne l'ont que trop prouvé ! Nous avons vu du reste dans le cours de cette Étude que l'autorité militaire s'était sérieusement préoccupée de la défense du défilé par la ville ; que le génie avait cru devoir indiquer des mesures spéciales pour cet objet ; qu'il avait même demandé à la municipalité les fonds pour en assurer l'exécution. De son côté, le commandant de place (voir sa lettre du 16 octobre 1870) comptait formellement sur le bataillon de la garde sédentaire pour cette opération.

Nous ne comprenons donc pas pourquoi l'autorité militaire, qui connaissait à fond la véritable situation de la place, n'a pas profité des dispositions de ce décret pour mettre en parfait état de défense le défilé. Il ne faut plus nous parler de la municipalité, du défaut d'argent, du manque de bras, etc., etc. Cette autorité disposait de toutes les ressources (article 3) et était personnellement responsable de l'organisation de la défense ! (Article 9.)

« Le membre du Gouvernement, etc.,

« Considérant qu'il importe d'organiser la défense locale et de donner un point d'appui à l'action des gardes nationaux pour les mettre en état de résister à l'ennemi ;

« DÉCRÈTE :

« ARTICLE 1ᵉʳ. — Tout département dont la frontière se trouve, par un point quelconque, à une distance de moins de 100 kil. de l'ennemi, est déclaré en état de guerre. Cette déclaration est faite par le chef militaire du département aussitôt qu'il a connaissance de l'approche de l'ennemi à la distance susénoncée, et est immédiatement rendue publique, à la diligence des autorités civiles et militaires.

« Tous avis concernant la marche de l'ennemi sont transmis directement par la voie la plus prompte aux chefs militaires et aux préfets du département situés dans un rayon de 100 kil. au moins dans le sens de la marche de l'ennemi.

« ARTICLE 2. — L'état de guerre entraîne les conséquences suivantes :

« Le chef militaire du département convoque, toute affaire cessante, un comité militaire de cinq membres au moins et neuf au plus. Ce comité se compose, outre le chef militaire qui le préside, d'un officier du génie ou à défaut d'artillerie ; d'un officier d'état-major, d'un ingénieur des ponts et chaussées et d'un ingénieur des mines. A défaut de ces divers fonctionnaires, les membres sont choisis parmi les personnes qui, à raison de leur aptitude ou de leurs antécédents, s'en rapprochent le plus.

« Le comité, après avoir visité s'il y a lieu le terrain, désigne dans les quarante-huit heures, après la déclaration d'état de guerre, les points qui lui paraissent le plus favorablement situés pour disputer le passage à l'ennemi.

« Ces points sont immédiatement fortifiés à l'aide de travaux en terre, d'abattis d'arbres et autres moyens d'un emploi rapide et peu dispendieux. Ces fortifications, prendront selon le cas le caractère d'un camp retranché pouvant contenir tout ou partie des forces disponibles du département et recevront s'il y a lieu de l'artillerie. Chacune des voies par lesquelles l'ennemi est supposé pouvoir avancer, recevra au moins un système de défense semblable dans les limites du département. Il ne sera fait exception que lorsque la voie sera déjà commandée dans le département par une place fortifiée.

« ARTICLE 3. — Le comité militaire ou les membres délégués par lui auront droit de réquisition directe sur les personnes et les choses pour procéder à l'établissement des travaux susmentionnés. Ils paieront les dépenses à l'aide de bons délivrés par eux et qui seront acquittés sur les fonds du département ou des communes ainsi qu'il sera dit plus loin.

« ARTICLE 4. — Dès que le chef militaire du département jugera qu'un des points ainsi fortifié est menacé, il y dirigera les forces nécessaires à la défense Ces forces seront empruntées, soit aux troupes régulières ou auxiliaires du département, non utilisées pour les opérations du corps d'armée en campapagne, soit à la garde nationale sédentaire. A cet effet, le chef militaire jouira du droit de convoquer les gardes nationales jusqu'à 40 ans, de telle commune qu'il désignera. Il aura le commandement en chef de toutes les forces ainsi réunies et présidera lui-même à la défense.

« L'officier du grade le plus élevé après lui commandera sur un autre point.

« Article 5. — Si un passage est forcé par l'ennemi, on veillera à rétablir la fortification aussitôt que possible, de manière à couper la retraite à l'ennemi, et ce passage sera gardé jusqu'à ce que le chef militaire juge l'ennemi suffisamment éloigné.

« Article 6. — Tant que dure l'état de guerre d'un département, les gardes nationaux convoqués à la défense sont placés sous le régime des lois militaires ; s'ils manquent à l'appel ou s'ils n'accomplissent pas leurs devoirs de soldat, ils sont passibles des peines prévues par le code de l'armée.

« A défaut d'uniforme, les gardes nationaux convoqués doivent porter le képi afin de constater leur qualité militaire.

« Ils doivent, au moyen des bons qui leur seront remis par les soins du comité militaire, se pourvoir de vivres pour trois jours, sans préjudice des approvisionnements de tous genres que le comité militaire aura pu réunir directement sur les lieux.

« Article 7. — Les bons délivrés par le comité militaire sont reçus comme espèces dans les caisses publiques et acquittés au moyen d'un emprunt contracté au nom du département par le conseil général, et si le conseil général a été dissous, par une commission départementale nommée par le préfet.

« Article 8. — Dès la publication du présent décret, les préparatifs de défense ci-dessus prescrits commenceront d'urgence dans les départements compris dans la zone de guerre (*jusqu'à cent kilomètres au moins de l'ennemi*), et les départements au delà de cette zone se livreront aux études préliminaires tendant à déterminer les points à fortifier ultérieurement.

« Les officiers du génie de tous grades, occupés au service courant ou attachés à des corps en campagne, mais non indispensables aux opérations de ces corps, se feront connaître immédiatement au délégué du ministre de la guerre, qui leur donnera des destinations dans les départements pour être attachés aux comités militaires et y diriger les travaux de défense prescrits par ces comités.

« Article 9. — Les chefs militaires des départements sont rendus personnellement responsables de l'organisation de la défense et de la résistance à opposer à l'ennemi.

« Fait à Tours, le 14 octobre 1870.

« *Signé :* Gambetta. »

Après cela, que le lecteur compare ce qui a été fait et ce qui devait être exécuté, puis qu'il juge !...

————

Nous avons vu que dans le combat de Salins, la garde nationale sédentaire avait eu six tués y compris M. Prêtet, lieutenant, et cinq blessés... Cet holocauste paraîtra-t-il suffisant à nos auteurs pour donner satisfaction à l'amour-propre des gens de cœur que la vengeance et le patriotisme enflammaient ?... Nous aimons à le croire...

Mais ce n'est pas tout que de verser le sang, il faut le payer... Parmi les gardes nationaux morts en combattant, il en est peut-être qui ont laissé des veuves et des orphelins sans ressources... Qu'a-t-on fait pour ces malheureux ?... Nos auteurs, qui ont établi la statistique des pertes de la garde nationale, ont omis de nous informer des mesures d'humanité qui ont dû être prises à l'égard des victimes...

L'article 7 du décret du 2 novembre 1870 dit : « *La République adopte les enfants des citoyens qui succombent pour la défense de la patrie.* » En conséquence, si les gardes nationaux citoyens qui ont succombé dans la lutte ont laissé des enfants, la municipalité actuelle de la ville de Salins doit prendre fait et cause pour eux et réclamer énergiquement du gouvernement l'adoption promise.

Nous espérons qu'il leur sera fait justice.

————

Le décret du gouvernement de la Défense nationale qui crée les batteries départementales et l'artillerie mobilisée est en date du 3 novembre 1870. Aux termes de ce décret, ce sont les départements eux-mêmes, par l'organe de leurs préfets et de leurs conseils généraux, qui doivent faire les frais complets de cette artillerie...

Comment donc se fait-il que l'on ait envoyé du fort des Rousses huit obusiers pour l'armement des batteries mobilisées (page 10)?... Pourquoi n'a-t-on pas accepté l'offre de M. Bouvet de faire rayer quelques-unes de ces pièces?... Ces canons appartenant à l'Etat, c'était naturellement à lui, c'est-à-dire aux officiers préposés au service de l'artillerie, d'accepter ou de refuser cette offre... Qui a refusé, et pour quels motifs?... Evidemment M. Bouvet n'a pas agi ainsi en vue de se faire une vaine popularité et sachant que sa proposition ne pouvait aboutir... Il est fâcheux que la brochure soit muette sur ces points.

Nous nous souvenons d'avoir vu dans le courant de janvier 1871, avant l'armistice, dans les ateliers de Casamène (Doubs), des canons de gros calibre que l'on était occupé à rayer. La chose pouvait donc très-bien être exécutée pour les huit obusiers dont il s'agit.

Les Prussiens aimaient beaucoup à parlementer avec les forts. Pour le motif le plus futile ils demandaient à entrer en pourparlers; ainsi, un jour, un parlementaire vint pour annoncer que la batterie d'artillerie cantonnée à Marnoz, sous le canon de Saint-André, avait changé de capitaine. Les Prussiens rusés, fourbes et espions, faisaient sans doute leur profit de toutes ces visites et l'auraient bien prouvé à la garnison si par malheur l'armistice avait été dénoncé.

Vichy, le 15 septembre 1872.

Moulins.— Imp de Fudez frères.

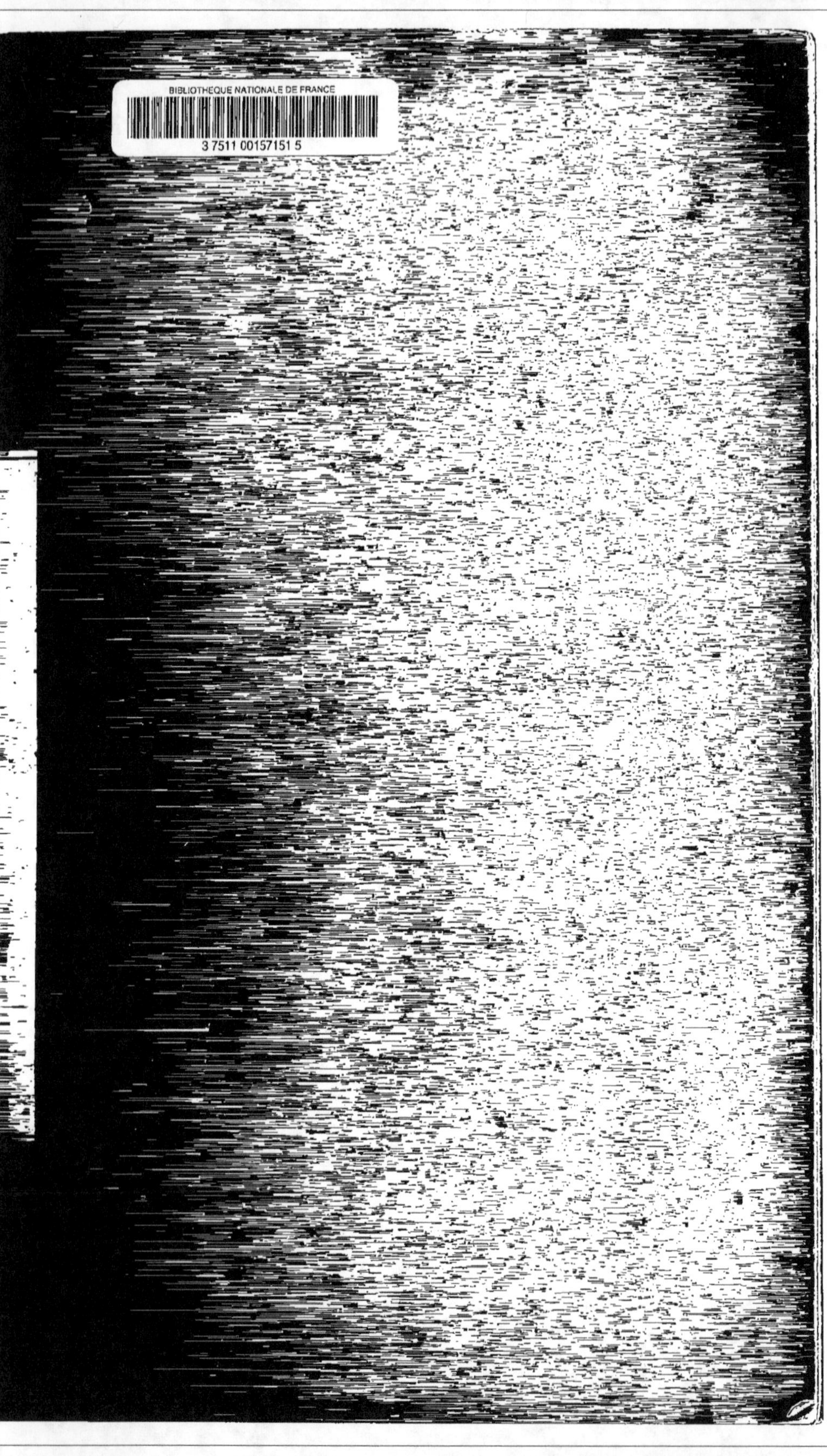
BIBLIOTHEQUE NATIONALE DE FRANCE
3 7511 00157151 5

www.ingramcontent.com/pod-product-compliance
Lightning Source LLC
LaVergne TN
LVHW010339030726
842520LV00004B/1558